ce livre appartient à

émilie

Princesse de cœur

-Sonnez les trompettes !

Tata ! Tataa ! Tataaa !

Voici la Princesse de cœur !

crie Émilie.

Alors, comme une vraie Princesse,

Émilie s'avance vers son frère,

d'un pas lent, la tête bien droite.

Pff ! Stéphane ne remarque rien.

Il est trop occupé à jouer

avec son robot. C'est énervant !

- Saluez la Princesse de cœur ! crie Émilie en faisant sa plus belle révérence.

Ah ! Stéphane lève enfin la tête.
- Oh ! C'est quoi ce gros cœur ?
Et cette couronne ? C'est bizarre.

- Mais non ! proteste Émilie.

Tu comprends, avant de partir,

papa m'a embrassée en disant :

« À tout à l'heure,

Princesse de mon cœur. »

Alors, je me suis habillée

en Princesse de cœur de papa.

-Normal d'être une Princesse,

pour une fille ! grogne son frère,

un peu jaloux.

Et il s'en va.

Émilie est déçue. Elle aurait tant voulu que Stéphane l'admire. C'est important d'être la Princesse de cœur de papa !

Papa

Mais quand Stéphane réapparaît,
il porte une belle couronne
et une cape décorée.
- Attention ! Le Prince de cœur
arrive ! annonce-t-il.
Émilie est furieuse. Elle crie :
- Ça, tu n'as pas le droit !
Papa ne t'a jamais appelé
Prince de mon cœur !

-Il n'y a que moi ! Je suis la seule

Princesse de cœur de papa !

-Pas d'accord et pas d'accord !

crie Stéphane encore plus fort.

Maman arrive et dit:

- Calmez-vous

et écoutez-moi.

Je vais vous expliquer...

- Au début, il n'y avait que moi

dans le cœur de papa.

Et puis Stéphane est né…

Et nous avons été deux

dans son cœur, dit maman.

- Hooo... murmure Émilie.

Elle n'y comprend plus rien.

Elle a juste envie de pleurer.

- Et moi alors ? se plaint-elle.

Il n'y avait presque plus de place après Stéphane ?

- Et Élise a eu une toute, toute petite place ?! Et Arthur, alors ?

- Pas du tout, reprend maman.

Ce qui est magique

avec le cœur,

c'est qu'il grandit,

grandit

à l'infini.

Donc il y a toujours

autant de place

dans le cœur de papa

pour nous tous.

- Ouf ! J'ai tout compris !

soupire Émilie, rassurée.

Grâce à la magie du cœur,

chacun a la place qu'il lui faut.

- Bien sûr ! dit maman.

Et pour mon cœur,

c'est pareil.

Et pour votre cœur aussi.

Ils peuvent grandir

toujours plus.

Vive la Famille de cœur !

Reine de cœur

Prince de cœur

Hérisson de cœur

Roi de cœur

Princesse de cœur

Bébé de cœur

À ton tour !

Et toi, quelle place voudrais-tu avoir dans le cœur des autres ?

Toi, tout(e) seul(e) et personne d'autre.

Toi, d'abord. Et les autres après.

La même place pour tout le monde.

Une autre. Laquelle ?

Et toi, comment aimerais-tu qu'on t'appelle ?

Mon petit monstre

Mon poussin

Mon ange

Mon bébé

Ma princesse

Ma petite grenouille

Mon petit diable

Autrement. Comment ?

Retrouve les cinq accessoires d'une vraie princesse.

À ton avis, qu'est-ce qu'il faut pour être aimé ?

Être le ou la plus fort(e)

Être le ou la plus gentil(le)

Être un prince ou une princesse

Rester soi-même

Autrement. Comment ?

Dessine dans ce cœur,
les personnes que tu aimes.

Titres disponibles

1. émilie Le ballon jaune
2. émilie Le papillon de l'école
3. émilie Les empreintes mystérieuses
4. émilie Se maquille
5. émilie La tente de camping
6. émilie Les marionnettes
7. émilie Docteur Émilie et le bébé
8. émilie La course des escargots
9. émilie La mauvaise humeur d'Émilie
10. émilie Les robots
11. émilie La partie de foot
12. émilie Arthur a disparu
13. émilie La gomme volée
14. émilie Le dessin tout raté
15. émilie Le gâteau
16. émilie Pas question de dormir
17. émilie Le cauchemar
18. émilie Le bain, c'est nul !
19. émilie Le gros bobo
20. émilie Princesse de cœur